DAS RELIGIONSPARADOX

Die am wenigsten religiösen Länder sind die friedlichsten

Victoria Rationi

Bibliografische Information der Deutschen Nationalbibliothek:
Die Deutsche Nationalbibliothek verzeichnet diese Publikation
in der Deutschen Nationalbibliografie; detaillierte
bibliografische Daten sind im Internet über http://dnb.dnb.de
abrufbar.

Coverbild: PIXABAY

Herstellung und Verlag: BoD – Books on Demand,
Norderstedt

ISBN: 9783748192268

INHALT

EINLEITUNG

Religionen verkünden seit Jahrhunderten, dass durch die Befolgung ihrer Gebote die Gläubigen „bessere Menschen" werden als die „Ungläubigen". Sie behaupten, dass ihre Ethik zu friedlichen Gesellschaften führen wird – und warnen davor, dass nichtreligiöse Gesellschaften früher oder später durch Krieg, Chaos und einen falschen Lebenswandel untergehen werden.

Im einundzwanzigsten Jahrhundert liegen jedoch weltweite Statistiken zu Friedlichkeit, zur Ehrlichkeit und zur Hilfsbereitschaft in unterschiedlichen Ländern vor, die ein das genaue Gegenteil zeigen:

Es sind fast immer die am wenigsten religiösen Länder der Welt, die in diesen Statistiken die besten Werte aufweisen, während unter den letztgereihten Ländern erstaunlich viele Staaten mit einer hochreligiösen Bevölkerung zu finden sind.

Diesen ungewöhnlichen statistischen Zusammenhang möchte ich Religionsparadox nennen.

Bei der Konzeption dieses Buches wurde auch diskutiert, ob der Titel besser „Die Religionslüge" heißen sollte, dieser Titel wurde jedoch wieder als zu provokant verworfen, obwohl er wohl durchaus – zumindest im Jahr 2019, dem Erscheinungsjahr dieses Buches - seine Berechtigung hätte (Falls dieses Buch auf Interesse stößt und im Internet darüber diskutiert wird, könnte man es also durchaus mit den „Hashtags" #Religionsparadox oder #Religionslüge diskutieren).

Natürlich werden sich einige Leserinnen und Leser fragen: ist dies ein religionskritisches Buch? Die Antwort muss sich jeder religiöse Mensch selbst geben, der die Statistiken über seine eigene Religion liest – oder darüber, was seine Religion im eigenen Land und in anderen Ländern bewirkt oder eben nicht bewirkt.

Religionskritisch ist dieser Text auf jeden Fall dann, wenn religiöse Texte als Begründung von Gewaltausübung herangezogen werden. Dabei geht es einerseits um Gewalt gegen Kinder, die in schockierender Weise speziell in einigen hochreligiösen Ländern noch immer vorhanden ist (und übrigens auch in den USA noch nicht verboten wurde), andererseits um „strukturelle Gewalt" (ein Begriff von Johan Galtung), also der Einschränkung der Freiheit von Menschengruppen. Galtung nennt jene Gewalt, die mit religiöser Begründung ausgeübt wird (z.B. Diskriminierung von Bevölkerungsgruppen) übrigens „kulturelle Gewalt".

Das Ziel des Buches ist es, eine verstärkte Diskussion anzustoßen: Zwischen religiösen Menschen derselben Konfession, zwischen Menschen unterschiedlicher Religionen (also im interkonfessionellen Dialog), und zwischen religiösen und nichtreligiösen Menschen. Religionen betonen fast immer den Wert der Wahrheit, und es bleibt zu hoffen, dass religiöse Menschen und Religionsführer bei diesem Gebot der Wahrheit bleiben, auch wenn sie erkennen sollten: Meine Religion kann offensichtlich nicht verhindern, dass Menschen Leid angetan wird.

Und es ist ein Anstoß, sich als religiöser Mensch auch mit Psychologie zu befassen – denn es gibt psychologische Theorien darüber, welche Umstände die Gläubigkeit bei Menschen fördern können und andere darüber, warum Menschen auch ohne Religion glücklich werden. Diese psychologischen Theorien werden im Anhang vorgestellt.

DIE AM WENIGSTEN RELIGIÖSEN LÄNDER

Das Gallup Institut führt immer wieder weltweite Befragungen durch, so gab es auch schon Umfragen zur Religiosität. Die gestellte Frage lautete: „Ist Religion in ihrem täglichen Leben wichtig?" („Is religion important in your daily life?"). Es geht dabei also um eine subjektive Einstellung zur Religion, die aussagekräftiger sein dürfte als offizielle Zahlen über eine Religionszugehörigkeit: denn diese beruhen oft auf Schätzungen (nicht in jedem Land gibt es offizielle Meldestellen bzw. Register für Religionszugehörigkeit wie etwa in Österreich die Kirchenbeitrags-Stellen).

Die Ergebnisse der Gallup Umfrage 2008/2009 (https://en.wikipedia.org/wiki/Importance_of_religi on_by_country) die nicht alle Länder erfasste, wurde mit Ergebnissen der Gallup Umfrage von 2015 ergänzt und die jeweils aktuellsten Daten ergeben folgende Rangreihung (https://www.telegraph.co.uk/travel/maps-and-graphics/most-religious-countries-in-the-world/ abgerufen im April 2019)

1. China - 7% fühlen sich religiös
2. Japan - 13%
3. Estland - 16%
4. Schweden - 19%
5. Norwegen - 21%

6. Tschechische Republik - 23%
7. Hong Kong - 26%
8. Niederlande - 26%
9. Israel - 30%
10. Vereinigtes Königreich - 30%
11. Neuseeland - 33%
12. Australien - 34%
13. Aserbaidschan - 34%
14. Weißrussland - 34%
15. Kuba - 34%
16. Deutschland - 34%
17. Vietnam - 34%
18. Spanien - 37%
19. Schweiz - 38%
20. 39% gaben folgende Länder an: Österreich, Ungarn, Luxemburg, Albanien

Im Folgenden werden also diese 23 Länder als „am wenigsten religiöse Länder" für die jeweiligen Statistikvergleiche herangezogen.

Relativieren kann man diese Daten wohl aufgrund der Tatsache, dass Religionen in ehemals kommunistischen Gebieten verboten waren. Bei allen weiteren Statistiken könnten diese Länder also den speziellen Faktor „erzwungene Nichtreligiosität" haben, während es das Ziel dieses Buches es eigentlich ist, Zusammenhänge mit Ländern zu zeigen, in denen Menschen aus freien Stücken nicht oder nur wenig religiös sind.

DIE RELIGIÖSESTEN LÄNDER DER WELT

... sind – ebenfalls nach obigen Quellen gereiht – folgende Länder:

1. Äthiopien - 99% „feel religious"
2. Malawi - 99%
3. Niger - 99%
4. Sri Lanka - 99%
5. Jemen - 99%
6. Burundi - 98%
7. Dschibuti - 98%
8. Mauretanien - 98%
9. Somalia - 98%
10. Afghanistan - 97%
11. Komoren - 97%
12. Ägypten - 97%
13. Guinea - 97%
14. Laos - 97%
15. Myanmar - 97%
16. Kambodscha - 96%
17. Kamerun - 96%
18. Jordanien - 96%
19. Senegal - 96%
20. 95% war das Ergebnis in mehreren Ländern, nämlich: Tschad, Ghana, Mali, Katar, Republik Kongo, Ruanda and Sambia

Im Folgenden werden also diese 26 Länder als „hochreligiöse Länder" für die Statistikvergleiche mit anderen weltweiten Statistiken herangezogen.

RELIGIOSITÄT UND FRIEDLICHKEIT

Beginnen wir also mit der Frage, ob hochreligiöse Länder friedlicher sind als jene Länder, in denen die meisten Menschen angeben, nur wenig religiös zu sein.

Als Datenquelle dazu dient der „Global Peace Index": Der **Global Peace Index** (*Weltfriedensindex*) ist der Versuch, die Friedfertigkeit von Nationen und Regionen anhand eines relativen Vergleiches darzustellen. Erstellt und herausgegeben wird er durch ein Internationales Gremium bestehend aus Friedensexperten, Friedensinstituten, Expertenkommissionen und dem Zentrum für Frieden und Konfliktstudien der Universität Sydney, in Kooperation mit der britischen Zeitschrift The Economist.

Er wird berechnet anhand folgender Faktoren:

- Anzahl der geführten Kriege im In- und Ausland,
- Geschätzte Zahl der Toten durch externe Kriege
- Geschätzte Zahl der Toten durch interne Kriege
- Grad der internen organisierten Auseinandersetzungen
- Beziehungen zu Nachbarländern

- Höhe des Misstrauens in Mitbürger
- Zahl der verdrängten Personen in Prozent der Einwohnerzahl
- Politische Instabilität
- Grad des Respektes für Menschenrechte
- Möglichkeit von Terroranschlägen
- Anzahl von Morden
- Level des gewalttätigen Verbrechens
- Wahrscheinlichkeit von gewalttätigen Demonstrationen
- Zahl der inhaftierten Personen
- Zahl der Polizisten und Sicherheitsbeamten
- Ausgaben für das Militär in Prozent des BIP
- Anzahl an Berufssoldaten
- Import von konventionellen Waffen
- Export von konventionellen Waffen
- UN-Einsätze

Die am wenigsten religiösen Länder im Weltfriedensindex 2017

https://de.wikipedia.org/wiki/Global_Peace_Index
, abgerufen im April 2019:

| China | 116 (Rang) |
| Japan | 10 |

Estland	36
Schweden	18
Norwegen	14
Tschechische Republik	6
Hong Kong	23 (Index 2008)
Niederlande	19
Israel	144
Vereinigtes Königreich	41
Neuseeland	2
Australien	12
Aserbaidschan	132
Weißrussland	103
Kuba	88
Deutschland	16
Vietnam	59
Spanien	23
Schweiz	9
Österreich	4
Ungarn	15
Luxemburg	7 (Index aus dem Jahr 2010)
Albanien	57

Ein Durchschnittswert ergibt hier 41,5.

Dieser Wert ist bei genauerem Hinsehen nur deshalb so groß, weil Israel sich bekanntermaßen in einer besonderen militärischen Dauerkonfliktsituation befindet und in dieser Liste auch Länder mit kommunistischer Vergangenheit aufscheinen, in der Militär ein machterhaltender Faktor ist oder war.

Die religiösesten Länder im Weltfriedensindex 2017

Äthiopien	134
Malawi	48
Niger	126
Sri Lanka	80
Jemen	159
Burundi	141
Dschibuti	107
Mauretanien	128
Somalia	158
Afghanistan	162
Komoren	n.a.
Ägypten	139
Guinea	96
Laos	45
Myanmar	104
Kambodscha	89
Kamerun	130
Jordanien	95
Senegal	60
Tschad	135
Ghana	43
Mali	140
Katar	30
Rep. Kongo	124
Ruanda	113
Sambia	41

Ein Durchschnittswert ergibt hier 105,08, was bedeutet: hochreligiöse Länder sind im Ranking der friedlichsten Länder durchschnittlich doppelt so weit hinten, wie die am wenigsten religiösen Länder.

Auch hier mag man einwenden, dass kriegerische Auseinandersetzungen in einigen Ländern von externen Faktoren abhängig sind, andererseits geht es, wie wir im Kapitel über Gewalt an Kindern sehen werden (ein Thema das nicht von extraterritorialen Faktoren abhängig ist), wohl auch um eine psychologische „Kultur der Friedlichkeit" (eine generelle Ablehnung von Gewalt in einer Gesellschaft), die bereits in der Kindererziehung vermittelt werden muss.

Letztgenanntes Thema wird auf dem Gebiet der „Psychohistorie" erforscht: zuletzt erschien dazu das hochinteressante Buch „Die Kindheit ist politisch!" von Sven Fuchs, in dem er die Kindheit von Politikern untersuchte, die Kriege angezettelt oder weitergeführt haben hinsichtlich selbst erlebter Gewalt untersucht hat.

Anders gefragt: müsste die politische Führung in einem hochreligiösen Land nicht fähig sein, Konflikte friedlich zu lösen, wenn es in der jeweiligen Religion das Gebot der Gewaltlosigkeit gibt (im Christentum ist das etwa das 5. Gebot – „Du sollst nicht töten")?

RELIGIOSITÄT UND FREIGIEBIGKEIT

Daten über die Freigiebigkeit von Menschen in einzelnen Ländern gibt es in speziellen Tabellen des World Happiness Report 2019 (www.worldhappiness.report). Hier sind von Seite 81 bis 83 Prozentanteile der jeweiligen Bevölkerung aufgelistet, die Geld an gemeinnützige Organisationen spenden. Die Daten der ausgewählten Länder werden im Folgenden aufgelistet:

Spendenfreudigkeit in den am wenigsten religiösen Ländern

China	10,5%
Japan	24,4%
Estland	19,9%
Schweden	57,0%
Norwegen	60,3%
Tschechische Republik	n.a.
Hong Kong	60,4%
Niederlande	70,0%
Israel	51,9%
Vereinigtes Königreich	72,3%
Neuseeland	67,5%
Australien	70,3%
Aserbaidschan	15,0%
Weißrussland	18,6%
Kuba	n.a.

Deutschland		49,4%
Vietnam		22,9%
Spanien		29,9%
Schweiz		54,0%
Österreich		53,0%
Ungarn	20,7%	
Luxemburg		52,1%
Albanien		18,8%

Der Durchschnitt beträgt hier (nur die 21 Länder, aus denen Daten vorliegen wurden zur Berechnung herangezogen) 42,8%.

Man kann hier durchaus einwenden, dass die Bevölkerung eher wohlhabender Länder wohl mehr spendet als jene aus ärmeren Ländern. Was man jedoch keinesfalls sagen kann ist, dass weniger religiöse Menschen geizig sind, wie es wohl in manchen religiösen Texten suggestiv vermittelt wird.

Spendenfreudigkeit in den hochreligiösen Ländern

Äthiopien	18,4%
Malawi	21,5%
Niger	8,8%
Sri Lanka	52,8%
Jemen	n.a.
Burundi	6,5%
Dschibuti	n.a.
Mauretanien	22,6%

Somalia	n.a.
Afghanistan	28,1%
Komoren	n.a.
Ägypten	15,8
Guinea	n.a.
Laos	42,9%
Myanmar	n.a.
Kambodscha	41,5
Kamerun	19,1
Jordanien	18,9
Senegal	12,5%
Tschad	15,6%
Ghana	24,5%
Mali	12,1%
Katar	59,6%
Rep. Kongo	n.a.
Ruanda	16,3%
Sambia	20,8%

Ein Durchschnittswert ergibt hier (19 Länder): 24,12%, also ein wenig mehr als die Hälfte der Spendenfreudigkeit der nichtreligiösen Länder.

Das kann natürlich darauf zurückzuführen sein, dass sich auf dieser Liste viele eindeutig sehr arme Länder befinden in denen das Spendenwesen möglicherweise auch nicht so gut organisiert ist wie in wohlhabenderen Ländern. Andererseits wurde nicht abgefragt, wieviel Geld gespendet wurde, sondern ob man überhaupt im letzten Monat an eine gemeinnützige Einrichtung gespendet hatte.

Aber, noch einmal: Nichtreligiöse oder wenig religiöse Menschen sind keinesfalls geiziger oder weniger freigiebig als hochreligiöse Menschen – was man als Maßstab für den ethischen Wert „Hilfsbereitschaft" ansehen kann, der ja in fast allen Religionen hochgehalten wird.

RELIGIOSITÄT UND KORRUPTION

Der weltweite Korruptionswahrnehmungsindex ist möglicherweise der einzige weltweite Index, der den moralischen Wert „Ehrlichkeit" abbilden kann – zumindest tendenziell.

Wie der Name schon sagt, erhebt er lediglich die Wahrnehmung von Korruption in der Bevölkerung, es sind also keine exakten Messungen der Korruption (die auch nicht möglich wäre). Aus religiöser Sicht müsste es jedoch zweifellos so sein, dass in einem Land, in dem über 90 Prozent der Bevölkerung religiös ist, und gleichzeitig Ehrlichkeit ein wichtiges Gebot der ausgeübten Religion/en ist, die Korruption niedrig sein müsste.

Zu den folgenden Zahlen (wieder eine Rangreihung von 1 = am wenigsten Korruption) ist zu sagen, dass es hier auch gleiche Plätze gibt, also mehrere Länder sich manchmal denselben Rang teilen.

Länder mit hoher Religiosität und ihre Korruptionswahrnehmung 2017

Quelle: https://de.wikipedia.org/wiki/Korruptionswahrneh mungsindex (abgerufen im April 2019)

Äthiopien	Rang 107 (von 180 Ländern)
Malawi	122
Niger	112
Sri Lanka	91
Jemen	175
Burundi	157
Dschibuti	122
Mauretanien	143
Somalia	180
Afghanistan	177
Komoren	148
Ägypten	117
Guinea	148
Laos	135
Myanmar	130
Kambodscha	161
Kamerun	153
Jordanien	59
Senegal	66
Tschad	165
Ghana	81
Mali	122
Katar	29
Rep. Kongo	161
Ruanda	48
Sambia	96

Der durchschnittliche Rang der hochreligiösen Länder ist aufgrund dieser Daten der 123 (ausgehend von 1 als bestem Rang), ergibt also eine ziemlich hohe Korruptionswahrnehmung.

Länder mit niedriger Religiosität und ihre Korruptionswahrnehmung 2017

China	77
Japan	20
Estland	21
Schweden	6
Norwegen	3
Tschechische Republik	42
Hong Kong	13
Niederlande	8
Israel	32
Vereinigtes Königreich	8
Neuseeland	1
Australien	13
Aserbaidschan	122
Weißrussland	68
Kuba	62
Deutschland	12
Vietnam	107
Spanien	42
Schweiz	3
Österreich	16
Ungarn	66
Luxemburg	8
Albanien	91

Der durchschnittliche Rang der am wenigsten religiösen Länder ist aufgrund dieser Daten 36, also um fast drei Viertel besser als jener der hochreligiösen Länder.

RELIGIOSITÄT UND GEWALT GEGEN KINDER

Kommen wir zu einem unangenehmen, traurigen Thema: dem Thema Gewalt gegen Kinder.

Im vorangegangenen Kapitel „Religiosität und Friedlichkeit" wurde angemerkt, dass kriegerische Konflikte möglicherweise von außerhalb eines Landes verursacht werden – sich ein Land also vielleicht nur militärisch verteidigt und deshalb im Friedensindex weiter unten landet.

Dieses Argument gilt jedoch nicht mehr, wenn man Friedlichkeit – also Gewaltfreiheit – auch innerhalb der Familien analysiert: indem man Erhebungen durchführt, wieviel Gewalt es etwa an Kindern in einem Land gibt. Denn hier kann kein Mensch (kein Elternteil) mehr sagen: Ich musste meine Kinder schlagen, weil ein äußerer Faktor mich dazu gezwungen hat – die Erziehung findet ja in den eigenen vier Wänden statt.

Wie im Kapitel über die Friedlichkeit angemerkt, ist die Art der Kindererziehung höchstwahrscheinlich das Fundament einer Kultur der Friedlichkeit innerhalb einer Gesellschaft. Das beste Beispiel dafür ist die Tatsache, dass Schweden (1966), Finnland (1969) und Norwegen (1972) weltweit die ersten Länder waren, die die körperliche Bestrafung von Kindern gesetzlich verboten. Nun sind sie in den Friedens- und Kriminalitätsstatistiken immer ganz weit vorne anzutreffen.

Wissenschaftliche psychologische Erklärungen für den Zusammenhang zwischen Gewalt, die als Kind erlebt wurde und der Gewalt, die Erwachsene ausüben gab es zuletzt vom Neurowissenschaftler Joachim Bauer (Buch: Schmerzgrenze), und dem Kinderpsychologen Robin Grille („Parenting for a peaceful world" – wunderbar auch erklärt in seinem TED Talk „Peace code in the Human Brain" – derzeit auf Youtube).

Parallel dazu untersucht das Fachgebiet der „Psychohistorie" die Kindheit einzelner historischer Persönlichkeiten, die durch ihre Brutalität aufgefallen sind: Begonnen hat damit Alice Miller, die etwa die Kindheit von Adolf Hitler untersucht hat, in Amerika später Lloyd deMause, der viele seiner Artikel als kostenlosen Download online gestellt hat, und unlängst hat – wie bereits erwähnt - Sven Fuchs in seinem Buch „Die Kindheit ist politisch!" nicht nur die Kindheit von militärisch aggressiv agierenden Politikern untersucht, sondern auch jene von Terroristen und Amokläufern. Das Fazit all dieser Biographien ist: alle diese Gewalttäter haben selbst als Kind Gewalt erlebt.

Weltweite Statistiken über das Ausmaß der Gewalt gegen Kinder erstellt immer wieder UNICEF. Der vorletzte große Bericht stammt aus 2015 und ist unter dem Titel „Hidden in plain sight" als kostenloser Download auf der UNICEF Webseite zu finden.

Der letzte große Bericht hieß „A familiar face" und wurde 2017 veröffentlicht (ebenfalls auf der UNICEF Homepage als PDF Download verfügbar). Welche Länder werden dort genannt?

Hohe Religiosität und Gewalt gegen Kinder

Leider ist im Balkendiagramm auf Seite 22 dieses Berichtes (A familiar face) nur eine Rangreihung und keine exakten Prozentzahlen pro Land zu sehen (Titel des Diagramms: Prozentanteil der Kinder von 2-4 Jahren, die im letzten Jahr irgendeine Form gewalttätiger Erziehung im vergangenen Monat erfahren haben), deshalb wurde hier wieder eine Rangreihung vorgenommen. Einschränkend ist zu sagen, dass das Diagramm nur jene 75 Länder zeigt, in denen es die meiste Gewalt gegen Kinder geben dürfte

Äthiopien	
Malawi	45
Niger	31
Sri Lanka	
Jemen	34
Burundi	
Dschibuti	61
Mauretanien	18

Somalia	
Afghanistan	62
Komoren	
Ägypten	1
Guinea	25
Laos	
Myanmar	30
Kambodscha	
Kamerun	20
Jordanien	7
Senegal	
Tschad	57
Ghana	3
Mali	
Katar	73
Rep. Kongo	12
Ruanda	
Sambia	

Da hier so viele Daten aus den ausgewählten Ländern fehlen, wird hier kein Durchschnitt gebildet sondern bleibt hier nur eines festzustellen: die traurigen Plätze 1 (Ägypten), 3 (Ghana) und 7 (Jordanien) in der Statistik der häufigsten Gewalt gegen ganz kleine Kinder sind in extrem religiösen Ländern anzutreffen. Insgesamt finden sich unter den 26 am höchsten religiösen Ländern 15 Länder mit hoher Gewalt.

Niedrige Religiosität und Gewalt gegen Kinder

Im selben Diagramm aus der UNICEF Studie „A familiar Face" (Seite 22) sind auch von den am wenigsten religiösen Ländern einige zu finden:

China	
Japan	
Estland	
Schweden	
Norwegen	
Tschechische Republik	
Hong Kong	
Niederlande	
Israel	
Vereinigtes Königreich	
Neuseeland	
Australien	
Aserbaidschan	39
Weißrussland	56
Kuba	74
Deutschland	
Vietnam	49
Spanien	
Schweiz	
Österreich	
Ungarn	
Luxemburg	
Albanien	44

Auch hier gibt es keine Durchschnittsberechnung, sondern nur die Feststellung, dass unter den am wenigsten religiösen Ländern offensichtlich weniger Gewalt an Kindern anzutreffen ist als in den hochreligiösen. Unter diesen 23 Ländern finden sich nur 5 Länder in der oben genannten Tabelle der UNICEF – das heißt: die UNICEF hält alle nicht enthaltenen Länder für Länder mit einem geringen Gewaltausmaß gegen Kinder: es ist darunter etwa kein einziges Land der Europäischen Union.

Publikationen zum Thema Kinderschutz, die sich an Religionen richten

Die internationale Kinderschutzorganisation UNICEF scheint erkannt zu haben, dass den Religionen eine besondere Verantwortung beim Vermitteln einer gewaltfreien Kindererziehung zukommt, denn sie hat den Kontakt zu Religionswissenschaftern verschiedener Religionen gesucht, um Erziehungsratgeber für die Gläubigen zu veröffentlichen. Diese sind als PDF im Internet als kostenloser Download erhältlich:

„The Islamic Perspective on Protecting Children from Violence and Harmful Practices" (in Zusammenarbeit mit der Al-Azhar Universität) – auch in Arabisch verfügbar

„Children in Islam: Their Care, Upbringing and Protection"

„The Christian Perspective on Protecting Children from Violence and Harmful Practices" (in Zusammenarbeit mit der Koptischen Orthodoxen Kirche Ägyptens) – auch in Arabisch verfügbar

Auch eine interreligiöse Publikation gibt es, die wichtige Botschaften beider Religionen vereint (auch diese sollten alle als PDF Download im Internet kostenlos verfügbar sein):

"Peace, Love and Tolerance: Basic Messages from Islam and Christianity to Protect Children from Violence and Harmful Practices", und die Publikation

„From Commitment to Action: What Religious Communities can do to Eliminate Violence against Children"

Außerdem gibt es eine Verpflichtungserklärung der interreligiösen Kyoto Konferenz 2006 mit dem Titel:

„A Multi-Religious Commitment to Confront Violence against Children" (sowie einen Report aus dem Jahr 2016, wieviel sich seit damals verbessert hat mit dem Untertitel: „... A tenth anniversery guide ...")

Falls Sie als Leserin oder Leser Kontakt zu Religionsführern unterschiedlicher Religionen haben, informieren sie diese bitte über die Existenz dieser Dokumente, denn ich befürchte leider, sie sind zu wenig bekannt – speziell in den religiösen Communities in afrikanischen Staaten.

RELIGIOSITÄT UND GLÜCK
bzw. ZUFRIEDENHEIT

Vielleicht ist der letzte Statistikvergleich in diesem Buch für religiöse Menschen weniger wichtig, denn er stellt eine letztlich philosophische Frage, nämlich:

Soll eine Religion / Religiosität den Menschen oder die Menschen glücklich machen?

Diese Frage kann hier nicht eindeutig beantwortet werden, denn es gibt sicher religiöse Glaubenssätze, die auf ein Leben nach dem Tod oder auf eine Wiedergeburt abzielen. Verbreitet ist auch der Grundsatz, dass Religionen „Erlösung" versprechen und nicht unbedingt das Glück auf Erden.

Das Thema wird also eher nichtreligiöse Leserinnen und Leser interessieren. Es wäre jedoch wünschenswert, wenn die Fragen „Machen Religionen glücklich?" und „Sollten Religionen glücklich machen?" innerhalb religiöser Communities diskutiert wird, vor allem wenn man sich die folgenden Ergebnisse ansieht.

Es gibt in der Ratgeberliteratur auf dem Gebiet der „Glücksforschung" Texte, die Bezug nehmen auf Religion und / oder Spiritualität (Spiritualität ist ja ein sehr diffuser Begriff). So empfiehlt etwa Sonja Lyubomirsky in ihrem Buch „Glücklich sein" das

Befassen mit Religion und oder Spiritualität zur Steigerung des subjektiven Wohlbefindens.

Ebenso nimmt die britische „Action for Happiness" Kampagne Bezug auf Religion, wenn auch deutlich abgeschwächter: „Be part of something bigger" – Sei Teil von etwas Größerem – wird hier als Glücksstrategie empfohlen, jedoch erst in weiterer Folge aufgezählt, dass auch Religion und Spiritualität darunter verstanden werden kann.

Sowohl Lyubomirsky als auch die Vertreter von Action for Happiness dürften jedoch keine Menschen aus Afrika untersucht haben, denn die folgenden Zahlen widersprechen dieser Empfehlung.

Wie glücklich sind Menschen in hochreligiösen Ländern?

Als Datenquelle wird auch hier der „World Happiness Report" 2019 herangezogen, der bereits im Kapitel über Freigiebigkeit als Quelle diente, und zwar hier die Tabellen auf den Seiten 25 bis 27 (PDF Seitenzahlen 27-29), die eine Rangreihung von 156 Ländern der Welt vornehmen. 1 ist demnach das „glücklichste Land", 156 das „unglücklichste Land".

Äthiopien	134

Malawi	150
Niger	114
Sri Lanka	130
Jemen	151
Burundi	145
Dschibuti	n.a.
Mauretanien	122
Somalia	112
Afghanistan	154
Komoren	142
Ägypten	137
Guinea	118
Laos	105
Myanmar	131
Kambodscha	109
Kamerun	n.a.
Jordanien	101
Senegal	111
Tschad	132
Ghana	98
Mali	128
Katar	29
Rep. Kongo	103
Ruanda	152
Sambia	138

Gleich auf den ersten Blick ist zu erkennen, dass sich unter den 26 religiösesten Ländern 22 einen schlechteren Rang als 100 besitzen (Ausnahme sind Katar mit Platz 29 und Ghana mit Platz 98). Der durchschnittliche Rang ist bei den 24 Ländern, von denen Daten vorliegen: 122.

Wie glücklich sind die Menschen in den am wenigsten religiösen Ländern?

Diese Länder nehmen im Ranking des World Happiness Report folgende Plätze ein:

China	93
Japan	58
Estland	55
Schweden	7
Norwegen	3
Tschechische Republik	20
Hong Kong	76
Niederlande	5
Israel	13
Vereinigtes Königreich	15
Neuseeland	8
Australien	11
Aserbaidschan	90
Weißrussland	81
Kuba	n.a.
Deutschland	17
Vietnam	94
Spanien	30
Schweiz	6
Österreich	10
Ungarn	62
Luxemburg	14

Ein Durchschnittswert jener 23 Länder aus dieser Liste, von denen Daten vorliegen ergibt: 38, also am Ende des ersten Viertels von 156 Ländern, während die hochreligiösen Länder (Rang 122) durchschnittlich am Anfang des letzten Viertels der ganzen Liste liegen.

DER RELIGIONSKREISLAUF

Die Statistiken im ersten Teil haben also gezeigt, dass hochreligiöse Länder weder friedlicher, ehrlicher (wenn man die Korruptionswahrnehmung als Gradmesser für Ehrlichkeit heranzieht) noch freigiebiger sind als die Länder, in denen die am wenigsten religiösen Menschen leben. Der traurigste Widerspruch im Religionsparadox ist es jedoch, dass es in hochreligiösen Ländern oft so viel Gewalt gegen Kinder gibt.

Ein „Sittenverfall" bei den „Ungläubigen" ist also keineswegs anzutreffen sondern das genaue Gegenteil:

In den am wenigsten religiösen Ländern herrscht eine Kultur der friedlichen Konfliktlösung, des Vertrauens in die Ehrlichkeit der anderen (wenig wahrgenommene Korruption), eine große Spendenfreude (Hilfsbereitschaft) und ein meist gewaltfreier Erziehungsstil, der durch entsprechende Kinderschutz-Gesetze abgesichert wird. In welchen Ländern der Welt Gewalt gegen Kinder verboten ist und wo noch nicht, ist auf dieser Wikipedia Seite nachzulesen:

https://en.wikipedia.org/wiki/Corporal_punishment#Legal_status .

Ein Autor der das Leben in säkularen Ländern übrigens sehr facettenreich und ausführlich beschrieben hat ist der amerikanische Säkularitätsforscher Phil Zuckerman – etwa in seinen Büchern „Society without god" (Gesellschaft ohne Gott) und „Living the secular life" (Ein säkulares Leben leben) in denen er seine Zeit in Ländern der Europäischen Union beschreibt.

Aber was sind die Ursachen dieses Religionsparadoxons?

Ich möchte hier meine Theorie des „Religionskreislaufes" zur Diskussion stellen in der Hoffnung, dass sie in religiösen – aber auch in säkularen Kreisen diskutiert wird: Meine Vermutung ist, dass es einige gesellschaftliche Faktoren gibt, die die „transgenerationale Religiosität" aufrechterhalten – die also bewirken, dass die nächste Generation wieder religiös wird – das wäre der Religionskreislauf.

Andererseits wird dieser Kreislauf meiner Theorie nach durchbrochen, wenn diese Faktoren wegfallen: dann kommt es zu einer Säkularisierung die, wie ich im ersten Teil dieses Buches versucht habe zu zeigen, nichts Negatives bedeuten muss, weil säkulare Länder offensichtlich sogar friedlicher sind als hochreligiöse.

Wo der Religionskreislauf aufrecht bleibt

Religiosität in einem Land oder einer Gesellschaft besteht dann fort, wenn folgende Faktoren aufeinander treffen:

Erstens: kulturelle Regeln, nach denen sich nur Mütter mit der Kindererziehung befassen bzw. Väter weitgehend abwesend oder distanziert von den Kindern sind: daraus entsteht beim Kind eine Vatersehnsucht.

Zweitens: eine verbreitete Anwendung von Gewalt in der Kindererziehung: hier werden Kinder naturgemäß auch zur Übernahme der Religion der Eltern gezwungen. Bei einem autoritären Erziehungsstil besteht zudem die Gefahr, dass die betreffenden Kinder sich später zu „autoritären Persönlichkeiten" (ein gehorsamer, unterwürfiger Persönlichkeitstypus, der ein Hasspotential in sich trägt) entwickeln, sehr groß.

Drittens: ein niedriges Bildungsniveau. Denn dann bekommen Menschen nicht die Möglichkeit, unterschiedliche Religionen und säkulare Gesellschaften zu vergleichen und sich danach für eine Lebensweise zu entscheiden

Viertens: männliche Religionsführer, auf die die in der Kindheit erzeugte Vatersehnsucht projiziert werden kann und die per se das Prinzip der

Gleichberechtigung von Frauen und Männern in Frage stellen

Fünftens: religiöse Regeln, die das Verlassen einer Religion verbieten

Ein junger Mensch, der mit diesen fünf Faktoren aufwächst, wird seine eigenen Kinder vermutlich wieder nach den kulturellen Regeln der Trennung von Vätern und Müttern – mit der jeweils kulturellen Akzeptanz einer Gewalt gegen Kinder – erziehen. Diese Kinder entwickeln wieder eine Vatersehnsucht, die sie später auf die männlichen Religionsführer projizieren können, werden zu gehorsamen Menschen, die aus Zwang bei einer Religion bleiben und aufgrund des geringen Bildungsniveaus säkulare Gesellschaften gar nicht näher kennen lernen können.

Wo der Religionskreislauf durchbrochen wird

Der Religionskreislauf wird hingegen durchbrochen, bzw. ein Prozess der Säkularisierung setzt in jenen Ländern oder Gesellschaften ein, wo:

Erstens: es eine Kultur der liebevollen, fürsorglichen Väterlichkeit gibt, vielleicht sogar eine Väterförderung (Väterkarenz, Papamonat), die übrigens international unter dem Begriff „Caring Masculinities" (etwa: die Organisation MenCare) bekannt geworden ist

Zweitens: es ein Verbot der Gewalt gegen Kinder gibt, das die intellektuelle Selbständigkeit der Heranwachsenden fördert, die sich weitgehend frei für ihren Lebensstil und ihrer Religiosität entscheiden

Drittens: es ein hohes Bildungsniveau gibt, durch das Menschen Kulturen, Religionen und Lebensstile vergleichen können

Viertens: es eine verstärkte Gleichberechtigung zwischen Frauen und Männern innerhalb von Religionsgemeinschaften gibt

Fünftens: die Religionsfreiheit besteht, die ja ein Teil der UN Menschenrechtskonvention ist (Artikel 18)

Wie jede Theorie wartet auch diese Theorie auf Beweise oder eine Widerlegung: Widerlegt wird sie dann, wenn in einem bisher hochreligiösen Land eine liebevolle Väterlichkeit beworben wird, Kinder nicht mehr geschlagen werden, das Bildungsniveau angehoben wird, die Gleichberechtigung zwischen Frauen und Männern erreicht wird und eine Religionsfreiheit besteht, und die Religiosität in diesem Land trotzdem hoch bliebe.

Falls Ihre Beobachtungen dafür sprechen, dass diese Theorie falsch ist, können Sie durchaus kritische Kommentare über dieses Buch schreiben und die Quelle Ihrer Informationen anführen – das ist das Wesen eines offenen wissenschaftlichen Diskurses, in dem auch Kritik möglich sein muss.

Eine religionsphilosophische Frage

Noch ein Denkanstoß zum Thema Religionsfreiheit versus Zwang zur Religion:

Streng religiöse Menschen, die meine Theorie zum Religionskreislauf möglicherweise kritisch überdenken, sollten sich eine wichtige philosophische Frage stellen:

Sollte Religion etwas sein, das bei Menschen eine Faszination, einen Magnetismus auslöst, der sie freiwillig zur dieser Religion hinzieht – oder sollte Religion etwas sein, zu dem man gezwungen wird?

Aus globaler Perspektive gibt es ja zweifellos unterschiedliche Religionen auf der Welt, also eine „Konkurrenz der Religionen" – die Frage könnte dann auch lauten: Welche Religion ist die bessere: jene, zu der die Menschen gezwungen werden oder jene, der Menschen freiwillig beitreten?

ANHANG:

THEORIEN ZUR KINDHEIT DER GLÄUBIGEN

Es gibt innerhalb der Psychologie ein eigenes Forschungsgebiet, das sich Religionspsychologie nennt: hier werden die psychologischen Folgen von Religiosität erforscht, aber auch, welche Menschen eher zur Gläubigkeit neigen und welche eher nicht.

Bei der Ursache für Gläubigkeit gibt es zwei große Fragen: Erstens: welche Menschen wenden sich freiwillig einer Religion zu – oder verbleiben bei einer Religion, obwohl sie eine Glaubensgemeinschaft auch verlassen dürften. Hier könnte die Bindungstheorie von John Bowlby eine Erklärung bieten.

Zweitens: Welche Wirkung hat eine Religion, zu der man gezwungen wird auf die einzelnen Menschen und auf die jeweilige religiöse Gesellschaft. Hier bietet das Konzept des „Autoritären Charakters" / der „autoritären Persönlichkeit" eine mögliche Erklärung.

Die Bindungstheorie in der Religionspsychologie

Innerhalb dieser Disziplin gibt es eine Theorie, die auf das Konzept der Bindungstheorie von John

Bowlby zurückgreift. Die Bindungstheorie wurde ab 1969 vom Evolutionspsychologen Bowlby entwickelt, der das Verhalten von Kindern in der Nähe ihrer Mütter untersuchte. Dabei stellte er fest, dass manche Kinder ängstlich nahe bei der Mutter / Bezugsperson bleiben (="unsichere Bindung"), während andere die nähere Umgebung krabbelnd erforschen (="sichere Bindung"), weil sie sich durch die Anwesenheit der Mutter geschützt fühlen. (Als dritte Kategorie gab es dann noch die „ambivalente Bindung").

Im Wesentlichen sagt die Bindungstheorie - angewandt in der Religionspsychologie - aus, dass eher Menschen, die sich bei den eigenen Eltern als kleines Kind nicht geborgen fühlten, einen Gott als Bezugsperson suchen als jene, die als Kind „sicher gebunden" waren. Gottheiten sind sehr oft als gütig, milde, liebend, beschrieben – im Christentum gibt es etwa viele Gebete, die das Wort „Vater" enthalten (das „Vater unser") – aber es gibt natürlich auch weibliche Gottheiten oder etwa weibliche Heilige, zu an die sich Gläubige vertrauensvoll im Gebet wenden (wenn etwa kein Vertrauen in die eigenen Eltern vorhanden war).

Religionen bieten ihren Mitgliedern auch oft eine neue Gemeinschaft an: in, vor und nach den Gottesdiensten treffen Menschen aufeinander, die die gleiche spirituelle Orientierung haben, sie feiern miteinander, nehmen vielleicht eine gemeinsame

Mahlzeit ein: es entsteht zweifellos das Gefühl, eine neue Familie gefunden zu haben.

Gläubige Menschen werden dieser Theorie möglicherweise skeptisch gegenüberstehen, diese können jedoch selbst ihre eigene Forschung zu dem Thema durchführen, indem sie mit anderen religiösen Menschen über ihre eigene Kindheit und die Kindheit der/des jeweils anderen offen und ausführlich sprechen. Im Besonderen geht es darum, wie die Beziehung zur Mutter und zum Vater wirklich war, wie sich diese unterschied und ob einer der beiden vielleicht nur selten anwesend war (aufgrund von Berufstätigkeit, Krankheit, Sucht, Krieg, kulturellen Regeln). Besonders eine mangelhafte Beziehung zum Vater kann laut dieser Theorie dazu führen, sich einer liebevollen, schützenden männlichen Gottheit zuzuwenden.

Hinderlich kann es bei solchen Gesprächen sein, dass die meisten Religionen in ihren Geboten Respekt und Dankbarkeit gegenüber den Eltern einfordern (egal wie sich die Eltern verhalten haben). Vorschnell wird dann oft gesagt „Sie haben ihr bestes getan", was verhindert, die eigene Traurigkeit zuzulassen, die vielleicht in dem Satz begründet wäre „Mein Vater / meine Mutter hat sich nicht wirklich für mich interessiert" oder „Wenn sie mich wirklich geliebt hätten, hätten sie mich nicht geschlagen".

Hierzu bleibt nur zu wiederholen, dass religiöse Menschen sich meistens der Wahrheit verpflichtet fühlen: Dieses Streben nach Wahrheit sollte nicht davor halt machen, auch möglicherweise schmerzhafte Wahrheiten aus der eigenen Kindheit zu suchen und nicht zu verleugnen. Es gibt auch in einigen religiös finanzierten Sozialberatungsstellen im deutschen Sprachraum sehr gute Psychotherapeutinnen und Therapeuten, die helfen können, die Wahrheit über die eigene Kindheit „auszugraben": das sei hier deshalb erwähnt, um zu betonen, dass sich einige Glaubensgemeinschaften nicht gegen eine solche Selbsterforschung wehren. Wie stark etwa Psychotherapie für Muslime – in Europa und anderswo - angeboten wird müsste man erst recherchieren.

Wer nicht in eine Psychotherapie gehen kann oder will, der wird möglicherweise einiges an Selbsterkenntnis gewinnen, wenn er oder sie die Bücher von Alice Miller liest – allen voran „Das Drama des begabten Kindes" – in denen sehr facettenreich beschrieben wird, wie uns sogar ganz subtile Verhaltensweisen der Eltern prägen können. (In dem Buch geht es übrigens nicht um künstlerisch begabte Kinder, sondern um jene, die die Sensibilität hatten zu erkennen, dass sie nicht kindgerecht behandelt wurden). Auch die Bücher von Erich Fromm und Arno Gruen können sehr hilfreich sein. Arno Gruen schrieb auch viel über die Zusammenhänge von Hass und Selbsthass – seine Bücher sind besonders für jene Menschen interessant, die sich für religiös motivierten Hass interessieren.

Zusammenfassend kann man zur Bindungstheorie angewandt auf die Religionspsychologie sagen: Man kann eine Gottheit als Zufluchtsort der Sicherheit ansehen, wenn man in der eigenen Familie nicht geborgen ist / war, man kann Gott als sichere Basis sehen, von der aus man „ins Leben hinausgeht", wenn man die Welt als bedrohlich erlebt, weil das Vertrauen in die Menschen nicht da ist – oder weil das Selbstvertrauen gering ist. Und man kann Gott als stärker und weiser wahrnehmen, wenn die eigenen Eltern oder nahen Bezugspersonen als schwach oder nicht beschützend wahrgenommen wurden – und wenn man keine praktikable „Lebensweisheit" von ihnen mitbekommen hat – vielleicht auch, weil die Eltern wenig mit dem Kind sprachen oder oft abwesend waren.

Wer mehr zu dieser Theorie lesen will, findet im Internet zahlreiche Artikel von GRANQVIST und KIRKPATRICK.

Religion und autoritärer Charakter

Es gibt Religionen, denen Menschen nicht freiwillig beitreten, sondern zu denen bereits die Kinder gezwungen werden (teilweise, weil sie nur eine Religion kennen), und es gibt Religionen, die man nicht verlassen darf. Das heißt: manche Religionen – oder manche Auslegung einzelner Religionen – arbeiten mit Zwang und Druck.

Wie brutal oder lieblos die Behandlung von Kindern historisch war – und welche Rolle die Religionen dabei spielten - kann man übrigens in den Publikationen von Lloyd deMause nachlesen.

Der Begriff „autoritärer Charakter" stammt von Erich Fromm, der sich in den Dreißiger- und Vierzigerjahren des letzten Jahrhunderts mit der Frage beschäftigte, warum sich so viele Menschen im zweiten Weltkrieg dem Nazi-Regime anschlossen, die Gedanken von Adolf Hitler so unkritisch übernahmen, sich leidenschaftlich einem Führer unterwarfen, der so viele ins Unglück stürzte (in den Krieg schickte), und gleichzeitig einen so starken Hass auf eine bestimmte Bevölkerungsgruppe – die Juden – entwickeln konnten.

Insgesamt zog Fromm aus seinen Untersuchungen den Schluss, dass hier eine Generation mitmachte, die selbst autoritär erzogen wurde: also mit Zwang und Gewalt – oft mit der Prügelstrafe (Alice Miller nannte sie später „schwarze Pädagogik" und schrieb das Buch „Am Anfang war Erziehung" darüber). Es war also in den Jahrzehnten davor aufgrund einer von Gewalt dominierten Erziehung eine „gehorsame Generation" herangewachsen, die sich willig gegenüber einer Führerpersönlichkeit gehorsam zeigte, weil sie es so gelernt hatte.

Aber eine Erziehung zum Gehorsam führt natürlich auch zu Zorn und Wut gegen die Eltern, die das Kind lieblos behandelt haben. Wenn es dann

– etwa durch das religiöse Gebot des Respekts vor den Eltern oder der Elternliebe – jedoch verboten ist, die Wut gegen die ehemals gewalttätigen Eltern zu richten, dann kann sich eine Wut anstauen, die ein anderes Objekt des Hasses sucht: im zweiten Weltkrieg waren das die Juden, und wer die religiöse Landschaft überblickt, erkennt, dass es auch heute noch religiös motivierten Hass gibt.

Der Wikipedia Artikel zur „Autoritären Persönlichkeit" listet außerdem folgende Eigenschaften solcher Menschen auf: Festhalten an Hergebrachtem / Autoritätshörigkeit bzw. -unterwürfigkeit / Tendenz, Verstöße gegen hergebrachte Werte ahnden zu wollen / Ablehnung des Subjektiven, Imaginativen und Schöngeistigen / Aberglaube, Klischee, Kategorisierung und Schicksalsdeterminismus / Identifikation mit Machthabern, Überbetonung der gesellschaftlich befürworteten Eigenschaften des Ich / Allgemeine Feindseligkeit, Herabsetzung anderer Menschen / Veranlagung, an die Existenz des Bösen in der Welt zu glauben und unbewusste emotionale Impulse nach außen zu projizieren / Übertriebene Bedenken bezüglich sexueller Geschehnisse.

Eine genauere – aber kompliziertere – psychologische Analyse besagt, dass das ungeliebte Kind einen Selbsthass entwickelt („Ich bin anscheinend nicht gut genug gewesen, dass mich meine Eltern lieben"), der sich später im Hass auf andere entlädt.

Wer sich mit diesen Theorien ausführlicher befassen will, kann dies – wie vorher erwähnt - in den Büchern von Arno Gruen nachlesen. Recht aktuell auch bei Sven Fuchs „Die Kindheit ist politisch" (es wurde bereits früher erwähnt). Sehr gute erklärt wird der Zusammenhang zwischen einem Erziehungsstil und der Friedlichkeit einer Gesellschaft in dem englischen Buch: „Parenting for a peaceful World" von Robin Grille.

Es ist durchaus möglich, dass ein Zwang zur Religion, der beim Kind mit Gewalt durchgesetzt wird – und dass in hochreligiösen Ländern oft eine sehr hohe Gewalt gegen Kinder auftritt wurde im ersten Teil gezeigt! – ebenfalls Menschen mit einem „autoritären Charakter" hervor bringt. Diese unterwerfen sich dann – oft leidenschaftlich – weiterhin einer Religion oder einer politischen Führung und können dabei einen Hass auf andere Menschengruppen entwickeln. (Gegen eine Unterwerfung alleine wäre nichts einzuwenden, wenn Religionen friedlich nebeneinander leben würden und es keine religiös motivierten Terroranschläge geben würde).

Wer in Mitteleuropa etwa mit Pädagoginnen oder Pädagogen spricht, die Kinder aus Krisenfamilien betreuen, wird leider manchmal erfahren, dass tatsächlich Eltern mit Migrationshintergrund aus bestimmten Ländern ihre Kinder noch häufiger schlagen – mit der Erklärung „Wir haben gar nicht gewusst, dass es hier verboten ist! In unserem Land ist es so üblich – alle machen es."

Die Vatersehnsucht der Priester

Sigmund Freud vermutete Anfang des zwanzigsten Jahrhunderts, dass Religiosität eine verdrängte Vatersehnsucht sei, also bei Menschen auftritt, die einen distanzierten, lieblosen, vielleicht gewalttätigen Vater hatten und sich deshalb einer gütigen, liebenden, schützenden und immer verfügbaren männlichen Gottheit zuwenden. Diese Theorie war damit eigentlich ein Vorläufer der oben beschriebenen Bindungstheorie innerhalb der Religionspsychologie – und sie scheint sich besonders bei religiösen Würdenträgern - also etwa bei Priestern oder Bischöfen - zu bestätigen.

Denn mittlerweile gibt es zahlreiche Biographien von Priestern und Bischöfen, in denen die Autoren freimütig auch über ihre eigene Kindheit schreiben. Der Wiener Pastoraltheologe Paul Michael Zulehner spricht in seiner Biographie etwa von „Übermutterung" und „Untervaterung", und in einigen anderen Priesterbiographien ist ähnliches zu finden.

Karl Guido Rey hat in seinem Buch „Das Mutterbild des Priesters" eine wissenschaftliche Arbeit über die Elternbeziehungen von Priestern verfasst und konzentriert sich dabei zwar auf die intensive Mutterbeziehung, (er spricht von einem „Mutterkomplex der Priester") die jedoch nur deshalb so wichtig werden kann, weil der Vater kein Vorbild für den jeweiligen Jungen ist.

Insgesamt dürfte an Freuds Theorie von der Vatersehnsucht religiöser Menschen also einiges dran sein. Auch hier gilt es wieder, ganz persönliche Wahrheiten zu suchen – wie das bereits oben empfohlen wurde: Es bleibt zu hoffen, dass religiöse Führungspersönlichkeiten zugänglich sind für eine Selbstreflexion über die eigene Kindheit – und dass sie im besten Fall auch offen miteinander über ihre Kindheit und ihre Beziehung zum Vater und zur Mutter sprechen.

Der vielbeklagte Priestermangel in Europa könnte aus dieser Sichtweise davon herrühren, dass nunmehr eine Generation heranwächst, die eine intensivere Beziehung zu ihren Vätern leben kann. Die jungen Männer der Kriegs- und Nachkriegsgeneration hatten oft unter einer Vaterlosigkeit zu leiden, die durch gefallene Väter oder traumatisierte (also emotional distanzierte) Väter verursacht war. Diese Vaterlosigkeit kann eben dadurch kompensiert werden, indem man selbst ein „väterliches" religiöses Amt anstrebt (auch das Beschreibt Alice Miller sehr gut, und verwendet dabei immer wieder den Begriff „Grandiosität"). Das Streben nach Distanz gegenüber Frauen (im extremsten Fall ein Frauenhass), das durch eine „Übermutterung" entstanden ist, lässt sich so ebenfalls kompensieren, weil man dann meist asexuell lebt, ohne es im Umfeld erklären zu müssen.

Ob es bereits Untersuchungen zu den Elternbeziehungen von männlichen Religionsführern anderer Religionen gibt, ist mir nicht bekannt. Es wäre jedoch ein lohnendes Untersuchungsthema in der Religionssoziologie, Religionspsychologie und in den verschiedenen Religionswissenschaften wie Islamwissenschaft und Judaistik.

Aus säkularer Sicht ist es auch unverständlich, warum Menschen sich in religionswissenschaftlichen Studien viele Jahre lang mit der Suche nach Weisheiten oder Wahrheiten in alten Texten beschäftigten. Es scheint so, also ob der Grundsatz gälte „Das Alte ist sicher auch das Gute und Weise". Der Frage darf gestellt werden, ob diese Suche dadurch ausgelöst wurde, dass die eigenen Eltern eben keinerlei „Lebensweisheit" vermittelt haben (weil es eben kein Interesse an intensiven Gesprächen mit dem Kind gab). Denn die meisten dieser Menschen orientieren sich ja in ihrem Alltagsleben wohl am Grundsatz „Das Modernste ist wohl das beste" – etwa wenn es um Smartphones, Autos oder eine medizinische Behandlung geht.

DIE GOLDENE REGEL

Eine zeitlose Weisheit oder Lebensphilosophie ist ja in der „Goldenen Regel" komprimiert formuliert: „Was du nicht willst das man dir tu, das füg auch keinem andren zu". Perfektioniert wurde dieser humanistische Grundsatz in eher säkularen Ländern durch gesellschaftspolitische Grundsätze wie Demokratie, Meinungsfreiheit, Religionsfreiheit, Gleichberechtigung, Gewaltlosigkeit, Gewaltenteilung die auch in Gesetzen ihren Niederschlag gefunden haben. Das ist eine moderne gesellschaftliche „Lebensweisheit" die auf Erfahrungswerten und darauf basierende Verbesserung der jeweiligen Gesetze beruht – also nicht auf einem Rückgriff auf alte religiöse Texte.

Diese Grundsätze scheinen die betreffenden Länder zu angenehmen Orten gemacht zu haben – auch wenn die Religionen an Bedeutung verloren haben.

Und da dieses Buch im Jahr 2019 erscheint, einem Jahr in dem in Europa intensiv über die großen Flüchtlingswellen diskutiert wird, darf auch die Frage gestellt werden, ob Religionen ebenfalls eine Fluchtursache sein könnten: denn de facto ist der Flüchtlingsstrom nach Europa fast immer einer aus hochreligiösen Ländern in weitgehend säkulare Länder. Auch das ist eine Facette des Religionsparadoxons die diskutiert werden sollte.

ENGLISH ABSTRACT:

The „Paradox of Religions" is a term by Victoria Rationi describing the fact that according to current worldwide data the least religious countries seem to be the most peaceful ones (regarding armed conflict but also domestic violence and violence against children), the ones with the least corruption and the ones with higher helpfulness. Moreover, more secular countries seem to be happier.

Rationi also presents her theory of the „cycle of religion": 5 factors that determine whether a society becomes more secular or not, and explains some of the the main theories in the psychology of religion.

WEITERE KEYWORDS

Religionssoziologie – Sociology of Religion –
Religionspsychologie – Psychology of religion –
peacebuilding – peacekeeping – nonviolence – peace
education – Friedensforschung – peace research –
Gewaltlosigkeit – structural violence – cultural violence -
violence against children – violence against women –
diversity – Diversität – sexuelle Gewalt – Gewalt gegen
Frauen – Homophobie – homophobia –
Christianophobie – Christianophobia - Islamophobie –
Islamophobia – Judeophobie – Judeophobia –
Religiophobie – Religiophobia – war – Kriege –
Kriegsursachen – Bildungspolitik – Friedenspolitik –
peace and conflict resolution – interreligious dialogue –
end corporal punishment - #endcorporalpunishment –
ratifycrc – crc – KRK – Konvention über die Rechte der
Kinder – USA, United States, Amerika, Paddling,
Körperstrafe in Schulen, corporal punishment in schools
– Misogynie – Misogyny – Sexualmoral – Sexualität –
sexual moral – philosophy of religion – research project –
study – survey – publication – university – science –
psychohistory – psychosociology – Psychosoziologie –
child protection .... UNO - #endviolence – religiöse
Erziehung – religious parenting – Friedenserziehung –
studie – umfrage – publikation – universität – 2020 –
2021 – 2018 – 2017 – science of happiness

WEITERE PUBLIKATIONEN DER AUTORIN

Von Victoria Rationi sind bereits einige weitere Ebooks erschienen, die auf www.bod.de und vielen anderen Bücherplattformen, auch auf Google Play, erhältlich sind.